CHWILA  MOMENT

Wisława Szymborska

CHWILA / MOMENT

PRZEKŁAD

Clare Cavanagh
Stanisław Barańczak

WYDAWNICTWO ZNAK • KRAKÓW 2003

Projekt okładki
OLGIERD CHMIELEWSKI

Fot. na okładce
PIOTR GŁOWINKOWSKI

Opracowanie typograficzne
DANIEL MALAK

Redaktor tomu
AGNIESZKA POKOJSKA

ISBN 83-240-0354-1

znak Zamówienia: Dział Handlowy 30-105 Kraków, ul. Kościuszki 37
Bezpłatna infolinia: 0800-130-082
Zapraszamy do naszej księgarni internetowej: www.znak.com.pl

CHWILA

Idę stokiem pagórka zazielenionego.
Trawa, kwiatuszki w trawie
jak na obrazku dla dzieci.
Niebo zamglone, już błękitniejące.
Widok na inne wzgórza rozlega się w ciszy.

Jakby tutaj nie było żadnych kambrów, sylurów,
skał warczących na siebie,
wypiętrzonych otchłani,
żadnych nocy w płomieniach
i dni w kłębach ciemności.

Jakby nie przesuwały się tędy niziny
w gorączkowych malignach,
lodowatych dreszczach.

Jakby tylko gdzie indziej burzyły się morza
i rozrywały brzegi horyzontów.

Jest dziewiąta trzydzieści czasu lokalnego.
Wszystko na swoim miejscu i w układnej zgodzie.
W dolince potok mały jako potok mały.
Ścieżka w postaci ścieżki od zawsze do zawsze.

MOMENT

I walk on the slope of a hill gone green.
Grass, little flowers in the grass,
as in a children's illustration.
The misty sky's already turning blue.
A view of other hills unfolds in silence.

As if there'd never been any Cambrians, Silurians,
rocks snarling at crags,
upturned abysses,
no nights in flames
and days in clouds of darkness.

As if plains hadn't pushed their way here
in malignant fevers,
icy shivers.

As if seas had seethed only elsewhere,
shredding the shores of the horizons.

It's nine-thirty local time.
Everything's in its place and in polite agreement.
In the valley a little brook cast as a little brook.
A path in the role of a path from always to ever.

Las pod pozorem lasu na wieki wieków i amen,
a w górze ptaki w locie w roli ptaków w locie.

Jak okiem sięgnąć, panuje tu chwila.
Jedna z tych ziemskich chwil
proszonych, żeby trwały.

Woods disguised as woods alive without end,
and above them birds in flight play birds in flight.

This moment reigns as far as the eye can reach.
One of those earthly moments
invited to linger.

W ZATRZĘSIENIU

Jestem kim jestem.
Niepojęty przypadek
jak każdy przypadek.

Inni przodkowie
mogli być przecież moimi,
a już z innego gniazda
wyfrunęłabym,
już spod innego pnia
wypełzła w łusce.

W garderobie natury
jest kostiumów sporo.
Kostium pająka, mewy, myszy polnej.
Każdy od razu pasuje jak ulał
i noszony jest posłusznie
aż do zdarcia.

Ja też nie wybierałam,
ale nie narzekam.
Mogłam być kimś
o wiele mniej osobnym.
Kimś z ławicy, mrowiska, brzęczącego roju,
szarpaną wiatrem cząstką krajobrazu.

AMONG THE MULTITUDES

I am who I am.
A coincidence no less unthinkable
than any other.

I could have had different
ancestors, after all,
I could have fluttered
from another nest
or crawled bescaled
from under another tree.

Nature's wardrobe
holds a fair supply of costumes:
spider, seagull, field mouse.
Each fits perfectly right off
and is dutifully worn
into shreds.

I didn't get a choice either,
but I can't complain.
I could have been someone
much less separate.
Someone from an anthill, shoal, or buzzing swarm,
an inch of landscape tousled by the wind.

Kimś dużo mniej szczęśliwym,
hodowanym na futro,
na świąteczny stół,
czymś, co pływa pod szkiełkiem.

Drzewem uwięzłym w ziemi,
do którego zbliża się pożar.

Źdźbłem tratowanym
przez bieg niepojętych wydarzeń.

Typem spod ciemnej gwiazdy,
która dla drugich jaśnieje.

A co, gdybym budziła w ludziach strach,
albo tylko odrazę,
albo tylko litość?

Gdybym się urodziła
nie w tym, co trzeba, plemieniu
i zamykały się przede mną drogi?

Los okazał się dla mnie
jak dotąd łaskawy.

Mogła mi nie być dana
pamięć dobrych chwil.

Someone much less fortunate
bred for my fur
or Christmas dinner,
something swimming under a square of glass.

A tree rooted to the ground
as the fire draws near.

A grass blade trampled by a stampede
of incomprehensible events.

A shady type whose darkness
dazzled some.

What if I'd prompted only fear,
loathing,
or pity?

If I'd been born
in the wrong tribe,
with all roads closed before me?

Fate has been kind
to me thus far.

I might never have been given
the memory of happy moments.

Mogła mi być odjęta
skłonność do porównań.

Mogłam być sobą – ale bez zdziwienia,
a to by oznaczało,
że kimś całkiem innym.

My yen for comparison
might have been taken away.

I might have been myself minus amazement,
that is,
someone completely different.

CHMURY

Z opisywaniem chmur
musiałabym się bardzo śpieszyć –
już po ułamku chwili
przestają być te, zaczynają być inne.

Ich właściwością jest
nie powtarzać się nigdy
w kształtach, odcieniach, pozach i układzie.

Nie obciążone pamięcią o niczym,
unoszą się bez trudu nad faktami.

Jacy tam z nich świadkowie czegokolwiek –
natychmiast rozwiewają się na wszystkie strony.

W porównaniu z chmurami
życie wydaje się ugruntowane,
omalże trwałe i prawie że wieczne.

Przy chmurach
nawet kamień wygląda jak brat,
na którym można polegać,
a one, cóż, dalekie i płoche kuzynki.

CLOUDS

I'd have to be really quick
to describe clouds –
a split second's enough
for them to start being something else.

Their trademark:
they don't repeat a single
shape, shade, pose, arrangement.

Unburdened by memory of any kind,
they float easily over the facts.

What on earth could they bear witness to?
They scatter whenever something happens.

Compared to clouds,
life rests on solid ground,
practically permanent, almost eternal.

Next to clouds
even a stone seems like a brother,
someone you can trust,
while they're just distant, flighty cousins.

Niech sobie ludzie będą, jeśli chcą,
a potem po kolei każde z nich umiera,
im, chmurom nic do tego
wszystkiego
bardzo dziwnego.

Nad całym Twoim życiem
i moim, jeszcze nie całym,
paradują w przepychu, jak paradowały.

Nie mają obowiązku razem z nami ginąć.
Nie muszą być widziane, żeby płynąć.

Let people exist if they want,
and then die, one after another:
clouds simply don't care
what they're up to
down there.

And so their haughty fleet
cruises smoothly over your whole life
and mine, still incomplete.

They aren't obliged to vanish when we're gone.
They don't have to be seen while sailing on.

NEGATYW

Na niebie burym
chmurka jeszcze bardziej bura
z czarną obwódką słońca.

Na lewo, czyli na prawo,
biała gałąź czereśni z czarnymi kwiatami.

Na twojej ciemnej twarzy jasne cienie.
Zasiadłeś przy stoliku
i położyłeś na nim poszarzałe ręce.

Sprawiasz wrażenie ducha,
który próbuje wywoływać żywych.

(Ponieważ jeszcze zaliczam się do nich,
powinnam mu się zjawić i wystukać:
dobranoc, czyli dzień dobry,
żegnaj, czyli witaj.
I nie skąpić mu pytań na żadną odpowiedź,
jeśli dotyczą życia,
czyli burzy przed ciszą.)

NEGATIVE

Against a grayish sky
a grayer cloud
rimmed black by the sun.

On the left, that is, the right,
a white cherry branch with black blossoms.

Light shadows on your dark face.
You'd just taken a seat at the table
and put your hands, gone gray, upon it.

You look like a ghost
who's trying to summon up the living.

(And since I still number among them,
I should appear to him and tap:
good night, that is, good morning,
farewell, that is, hello.
And not grudge questions to any of his answers
concerning life,
that storm before the calm.)

SŁUCHAWKA

Śni mi się, że się budzę,
bo słyszę telefon.

Śni mi się pewność,
że dzwoni do mnie umarły.

Śni mi się, że wyciągam rękę
po słuchawkę.

Tylko że ta słuchawka
nie taka jak była,
stała się ciężka,
jakby do czegoś przywarła,
w coś wrosła,
coś oplotła korzeniami.
Musiałabym ją wyrwać
razem z całą Ziemią.

Śni mi się mocowanie moje
nadaremne.

Śni mi się cisza,
bo zamilknął dzwonek.

Śni mi się, że zasypiam
i budzę się znowu.

RECEIVER

I dream that I'm woken
by the telephone.

I dream the certainty
that someone dead is calling.

I dream that I reach
for the receiver.

Only the receiver's
not how it used to be,
it's gotten heavy
as if it had grabbed onto something,
grown into something,
and wrapped its roots around it.
I'd have to rip the whole Earth
out with it.

I dream my useless
struggles.

I dream the quiet,
since the ringing's stopped.

I dream I fall asleep
and wake up again.

TRZY SŁOWA NAJDZIWNIEJSZE

Kiedy wymawiam słowo Przyszłość,
pierwsza sylaba odchodzi już do przeszłości.

Kiedy wymawiam słowo Cisza,
niszczę ją.

Kiedy wymawiam słowo Nic,
stwarzam coś, co nie mieści się w żadnym niebycie.

THE THREE ODDEST WORDS

When I pronounce the word Future,
the first syllable already belongs to the past.

When I pronounce the word Silence,
I destroy it.

When I pronounce the word Nothing,
I make something no nonbeing can hold.

MILCZENIE ROŚLIN

Jednostronna znajomość między mną a wami
rozwija się nie najgorzej.

Wiem, co listek, co płatek, kłos, szyszka, łodyga,
i co się z wami dzieje w kwietniu, a co w grudniu.

Chociaż moja ciekawość jest bez wzajemności,
nad niektórymi schylam się specjalnie,
a ku niektórym z was zadzieram głowę.

Macie u mnie imiona:
klon, łopian, przylaszczka,
wrzos, jałowiec, jemioła, niezapominajka,
a ja u was żadnego.

Podróż nasza jest wspólna.
W czasie wspólnych podróży rozmawia się przecież,
wymienia się uwagi choćby o pogodzie
albo o stacjach mijanych w rozpędzie.

Nie brakłoby tematów, bo łączy nas wiele.
Ta sama gwiazda trzyma nas w zasięgu.
Rzucamy cienie na tych samych prawach.
Próbujemy coś wiedzieć, każde na swój sposób,
a to, czego nie wiemy, to też podobieństwo.

THE SILENCE OF PLANTS

Our one-sided acquaintance
grows quite nicely.

I know what a leaf, petal, ear, cone, stalk is,
what April and December do to you.

Although my curiosity is not reciprocal,
I specially stoop over some of you,
and crane my neck at others.

I've got a list of names for you:
maple, burdock, hepatica,
mistletoe, heath, juniper, forget-me-not,
but you have none for me.

We're traveling together.
But fellow passengers usually chat,
exchange remarks at least about the weather,
or about the stations rushing past.

We wouldn't lack for topics: we've got a lot in common.
The same star keeps us in its reach.
We cast shadows based on the same laws.
We try to understand things, each in our own way,
and what we don't know brings us closer too.

Objaśnię, jak potrafię, tylko zapytajcie:
co to takiego oglądać oczami,
po co serce mi bije
i czemu moje ciało nie zakorzenione.

Ale jak odpowiadać na niestawiane pytania,
jeśli w dodatku jest się kimś
tak bardzo dla was nikim.

Porośla, zagajniki, łąki i szuwary –
wszystko, co do was mówię, to monolog,
i nie wy go słuchacie.

Rozmowa z wami konieczna jest i niemożliwa.
Pilna w życiu pośpiesznym
i odłożona na nigdy.

I'll explain as best I can, just ask me:
what seeing with two eyes is like,
what my heart beats for,
and why my body isn't rooted down.

But how to answer unasked questions,
while being furthermore a being so totally
a nobody to you.

Undergrowth, coppices, meadows, rushes –
everything I tell you is a monologue,
and it's not you who listens.

Talking with you is essential and impossible.
Urgent in this hurried life
and postponed to never.

PLATON, CZYLI DLACZEGO

Z przyczyn niejasnych,
w okolicznościach nieznanych
Byt Idealny przestał sobie wystarczać.

Mógł przecież trwać i trwać bez końca,
ociosany z ciemności, wykuty z jasności,
w swoich sennych nad światem ogrodach.

Czemu, u licha, zaczął szukać wrażeń
w złym towarzystwie materii?

Na co mu naśladowcy
niewydarzeni, pechowi,
bez widoków na wieczność?

Mądrość kulawa
z cierniem wbitym w piętę?
Harmonia rozrywana
przez wzburzone wody?
Piękno
z niepowabnymi w środku jelitami
i Dobro
– po co z cieniem,
jeśli go wcześniej nie miało?

PLATO, OR WHY

For unclear reasons
under unknown circumstances
Ideal Being ceased to be satisfied.

It could have gone on forever,
hewn from darkness, forged from light,
in its sleepy gardens above the world.

Why on earth did it start seeking thrills
in the bad company of matter?

What use could it have for imitators,
inept, ill-starred,
lacking all prospects for eternity?

Wisdom limping
with a thorn stuck in its heel?
Harmony derailed
by roiling waters?
Beauty
holding unappealing entrails
and Good –
why the shadow
when it didn't have one before?

Musiał być jakiś powód,
choćby i drobny z pozoru,
ale tego nie zdradzi nawet Prawda Naga
zajęta przetrząsaniem
ziemskiej garderoby.

W dodatku ci okropni poeci, Platonie,
roznoszone podmuchem wióry spod posągów,
odpadki wielkiej na wyżynach Ciszy...

There must have been some reason,
however slight,
but even the Naked Truth, busy ransacking
the earth's wardrobe,
won't betray it.

Not to mention, Plato, those appalling poets,
litter scattered by the breeze from under statues,
scraps from that great Silence up on high...

MAŁA DZIEWCZYNKA ŚCIĄGA OBRUS

Od ponad roku jest się na tym świecie,
a na tym świecie nie wszystko zbadane
i wzięte pod kontrolę.

Teraz w próbach są rzeczy,
które same nie mogą się ruszać.

Trzeba im w tym pomagać,
przesuwać, popychać,
brać z miejsca i przenosić.

Nie każde tego chcą, na przykład szafa,
kredens, nieustępliwe ściany, stół.

Ale już obrus na upartym stole
– jeżeli dobrze chwycony za brzegi –
objawia chęć do jazdy.

A na obrusie szklanki, talerzyki,
dzbanuszek z mlekiem, łyżeczki, miseczka
aż trzęsą się z ochoty.

A LITTLE GIRL TUGS AT THE TABLECLOTH

She's been in this world for over a year,
and in this world not everything's been examined
and taken in hand.

The subject of today's investigation
is things that don't move by themselves.

They need to be helped along,
shoved, shifted,
taken from their place and relocated.

They don't all want to go, e.g. the bookshelf,
the cupboard, the unyielding walls, the table.

But the tablecloth on the stubborn table
– when well-seized by its hems –
manifests a willingness to travel.

And the glasses, plates,
creamer, spoons, bowl,
are fairly shaking with desire.

Bardzo ciekawe,
jaki ruch wybiorą,
kiedy się już zachwieją na krawędzi:
wędrówkę po suficie?
lot dokoła lampy?
skok na parapet okna, a stamtąd na drzewo?

Pan Newton nie ma jeszcze nic do tego.
Niech sobie patrzy z nieba i wymachuje rękami.

Ta próba dokonana być musi.
I będzie.

It's fascinating,
what form of motion will they take,
once they're trembling on the brink:
will they roam across the ceiling?
fly around the lamp?
hop onto the windowsill and from there to a tree?

Mr. Newton still has no say in this.
Let him look down from the heavens and wave his hands.

This experiment must be completed.
And it will.

ZE WSPOMNIEŃ

Gawędziliśmy sobie,
zamilkliśmy nagle.
Na taras weszła dziewczyna,
ach, piękna,
zanadto piękna
jak na nasz spokojny tutaj pobyt.

Basia zerknęła w popłochu na męża.
Krystyna odruchowo położyła dłoń
na dłoni Zbyszka.
Ja pomyślałam: zadzwonię do ciebie,
jeszcze na razie – powiem – nie przyjeżdżaj,
zapowiadają właśnie kilkudniowe deszcze.

Tylko Agnieszka, wdowa,
powitała piękną uśmiechem.

A MEMORY

We were chatting
and suddenly stopped short.
A beautiful girl stepped onto the terrace,
so beautiful,
too beautiful
for us to enjoy our vacation.

Basia shot her husband a panicky look.
Krystyna took Zbyszek's hand
reflexively.
I thought: I'll call you,
tell you, don't come just yet,
they're predicting rain for days.

Only Agnieszka, a widow,
met the lovely girl with a smile.

KAŁUŻA

Dobrze z dzieciństwa pamiętam ten lęk.
Omijałam kałuże,
zwłaszcza te świeże, po deszczu.
Któraś z nich przecież mogła nie mieć dna,
choć wyglądała jak inne.

Stąpnę i nagle zapadnę się cała,
zacznę wzlatywać w dół
i jeszcze głębiej w dół,
w kierunku chmur odbitych
a może i dalej.

Potem kałuża wyschnie,
zamknie się nade mną,
a ja na zawsze zatrzaśnięta – gdzie –
z niedoniesionym na powierzchnię krzykiem.

Dopiero później przyszło zrozumienie:
nie wszystkie złe przygody
mieszczą się w regułach świata
i nawet gdyby chciały,
nie mogą się zdarzyć.

PUDDLES

I remember that childhood fear well.
I avoided puddles,
especially fresh ones, after showers.
One of them might be bottomless, after all,
even though it looks just like the rest.

I'll step and suddenly be swallowed whole,
I'll start rising downwards
then even deeper down
towards the reflected clouds
and maybe farther.

Then the puddle will dry up,
shut over me,
I'm trapped for good – where –
with a shout that never made it to the surface.

Understanding came only later:
not all misadventures
fit within the world's laws
and even if they wanted to,
they couldn't happen.

PIERWSZA MIŁOŚĆ

Mówią,
że pierwsza miłość najważniejsza.
To bardzo romantyczny,
ale nie mój przypadek.

Coś między nami było i nie było,
działo się i podziało.

Nie drżą mi ręce,
kiedy natrafiam na drobne pamiątki
i zwitek listów przewiązanych sznurkiem
– żeby chociaż wstążeczką.

Nasze jedyne spotkanie po latach
to rozmowa dwóch krzeseł
przy zimnym stoliku.

Inne miłości
głęboko do tej pory oddychają we mnie.
Tej brak tchu, żeby westchnąć.

FIRST LOVE

They say
the first love's most important.
That's very romantic,
but not my experience.

Something was and wasn't there between us,
something went on and went away.

My hands never tremble
when I stumble on silly keepsakes
and a sheaf of letters tied with string
– not even ribbon.

Our only meeting after years:
the conversation of two chairs
at a chilly table.

Other loves
still breathe deep inside me.
This one's too short of breath even to sigh.

A jednak właśnie taka, jaka jest,
potrafi, czego tamte nie potrafią jeszcze:
niepamiętana,
nie śniąca się nawet,
oswaja mnie ze śmiercią.

Yet just exactly as it is,
it does what the others still can't manage:
unremembered,
not even seen in dreams,
it introduces me to death.

TROCHĘ O DUSZY

Duszę się miewa.
Nikt nie ma jej bez przerwy
i na zawsze.

Dzień za dniem,
rok za rokiem
może bez niej minąć.

Czasem tylko w zachwytach
i lękach dzieciństwa
zagnieżdża się na dłużej.
Czasem tylko w zdziwieniu,
że jesteśmy starzy.

Rzadko nam asystuje
podczas zajęć żmudnych,
jak przesuwanie mebli,
dźwiganie walizek
czy przemierzanie drogi w ciasnych butach.

Przy wypełnianiu ankiet
i siekaniu mięsa
z reguły ma wychodne.

A FEW WORDS ON THE SOUL

We have a soul at times.
No one's got it non-stop,
for keeps.

Day after day,
year after year
may pass without it.

Sometimes
it will settle for awhile
only in childhood's fears and raptures.
Sometimes only in astonishment
that we are old.

It rarely lends a hand
in uphill tasks,
like moving furniture,
or lifting luggage,
or going miles in shoes that pinch.

It usually steps out
whenever meat needs chopping
or forms have to be filled.

Na tysiąc naszych rozmów
uczestniczy w jednej,
a i to niekoniecznie,
bo woli milczenie.

Kiedy ciało zaczyna nas boleć i boleć,
cichcem schodzi z dyżuru.

Jest wybredna:
niechętnie widzi nas w tłumie,
mierzi ją nasza walka o byle przewagę
i terkot interesów.

Radość i smutek
to nie są dla niej dwa różne uczucia.
Tylko w ich połączeniu
jest przy nas obecna.

Możemy na nią liczyć,
kiedy niczego nie jesteśmy pewni,
a wszystkiego ciekawi.

Z przedmiotów materialnych
lubi zegary z wahadłem
i lustra, które pracują gorliwie,
nawet gdy nikt nie patrzy.

For every thousand conversations
it participates in one,
if even that,
since it prefers silence.

Just when our body goes from ache to pain,
it slips off-duty.

It's picky:
it doesn't like seeing us in crowds,
our hustling for a dubious advantage
and creaky machinations make it sick.

Joy and sorrow
aren't two different feelings for it.
It attends us
only when the two are joined.

We can count on it
when we're sure of nothing
and curious about everything.

Among the material objects
it favors clocks with pendulums
and mirrors, which keep on working
even when no one is looking.

Nie mówi skąd przybywa
i kiedy znowu nam zniknie,
ale wyraźnie czeka na takie pytania.

Wygląda na to,
że tak jak ona nam,
również i my
jesteśmy jej na coś potrzebni.

It won't say where it comes from
or when it's taking off again,
though it's clearly expecting such questions.

We need it
but apparently
it needs us
for some reason too.

WCZESNA GODZINA

Śpię jeszcze,
a tymczasem następują fakty.
Bieleje okno,
szarzeją ciemności,
wydobywa się pokój z niejasnej przestrzeni,
szukają w nim oparcia chwiejne, blade smugi.

Kolejno, bez pośpiechu,
bo to ceremonia,
dnieją płaszczyzny sufitu i ścian,
oddzielają się kształty,
jeden od drugiego,
strona lewa od prawej.

Świtają odległości między przedmiotami,
ćwierkają pierwsze błyski
na szklance, na klamce.
Już się nie tylko zdaje, ale całkiem jest
to, co zostało wczoraj przesunięte,
co spadło na podłogę,
co mieści się w ramach.
Jeszcze tylko szczegóły
nie weszły w pole widzenia.

EARLY HOUR

I'm still asleep,
but meanwhile facts are taking place.
The window grows white,
the darknesses turn gray,
the room works its way from hazy space,
pale, shaky stripes seek its support.

By turns, unhurried,
since this is a ceremony,
the planes of walls and ceiling dawn,
shapes separate,
one from the other,
left to right.

The distances between objects irradiate,
the first glints twitter
on the tumbler, the doorknob.
Whatever had been displaced yesterday,
had fallen to the floor,
been contained in picture frames,
is no longer simply happening, but is.
Only the details
have not yet entered the field of vision.

Ale uwaga, uwaga, uwaga,
dużo wskazuje na to, że powracają kolory
i nawet rzecz najmniejsza odzyska swój własny,
razem z odcieniem cienia.

Zbyt rzadko mnie to dziwi, a powinno.
Budzę się zwykle w roli spóźnionego świadka,
kiedy cud już odbyty,
dzień ustanowiony
i zaranność mistrzowsko zmieniona w poranność.

But look out, look out, look out,
all indicators point to returning colors
and even the smallest thing regains its own hue
along with a hint of shadow.

This rarely astounds me, but it should.
I usually wake up in the role of belated witness,
with the miracle already achieved,
the day defined
and dawning masterfully recast as morning.

W PARKU

– Ojej – dziwi się chłopczyk –
a kto to ta pani?

– To pomnik Miłosierdzia,
czy czegoś takiego –
odpowiada mama.

– A dlaczego ta pani
taka po...o...o... poobijana?

– Nie wiem, odkąd pamiętam,
zawsze taka była.
Miasto powinno coś z tym w końcu zrobić.
Albo wyrzucić gdzieś, albo odnowić.
No, już już, chodźmy dalej.

IN THE PARK

– Hey! the little boy wonders,
who's that lady?

– It's a statue of Charity,
something like that,
his mother answers.

– But how'd that lady
get so-o-o-o beat-up?

– I don't know, she's always
been like that, I think.
The city should do something about it.
Get rid of it, fix it.
Well, don't drag your feet, let's get going.

PRZYCZYNEK DO STATYSTYKI

Na stu ludzi

wiedzących wszystko lepiej
– pięćdziesięciu dwóch;

niepewnych każdego kroku
– prawie cała reszta;

gotowych pomóc,
o ile nie potrwa to długo
– aż czterdziestu dziewięciu;

dobrych zawsze,
bo nie potrafią inaczej
– czterech, no może pięciu;

skłonnych do podziwu bez zawiści
– osiemnastu;

żyjących w stałej trwodze
przed kimś albo czymś
– siedemdziesięciu siedmiu;

uzdolnionych do szczęścia
– dwudziestu kilku najwyżej;

A CONTRIBUTION TO STATISTICS

Out of a hundred people

those who always know better
– fifty-two,

doubting every step
– nearly all the rest,

glad to lend a hand
if it doesn't take too long
– as high as forty-nine,

always good
because they can't be otherwise
– four, well maybe five,

able to admire without envy
– eighteen,

living in constant fear
of someone or something
– seventy-seven,

capable of happiness
– twenty-something tops,

niegroźnych pojedynczo,
dziczejących w tłumie
– ponad połowa na pewno;

okrutnych,
kiedy zmuszą ich okoliczności
– tego lepiej nie wiedzieć
nawet w przybliżeniu;

mądrych po szkodzie
– niewielu więcej
niż mądrych przed szkodą;

niczego nie biorących z życia oprócz rzeczy
– czterdziestu,
chociaż chciałabym się mylić;

skulonych, obolałych
i bez latarki w ciemności
– osiemdziesięciu trzech
prędzej czy później;

godnych współczucia
– dziewięćdziesięciu dziewięciu;

śmiertelnych
– stu na stu.
Liczba, która jak dotąd nie ulega zmianie.

harmless singly,
savage in crowds
– half at least,

cruel
when forced by circumstances
– better not to know
even ballpark figures,

wise after the fact
– just a couple more
than wise before it,

taking only things from life
– forty
(I wish I were wrong),

hunched in pain,
no flashlight in the dark
– eighty-three
sooner or later,

worthy of compassion
– ninety-nine,

mortal
– a hundred out of a hundred.
Thus far this figure still remains unchanged.

JACYŚ LUDZIE

Jacyś ludzie w ucieczce przed jakimiś ludźmi.
W jakimś kraju pod słońcem
i niektórymi chmurami.

Zostawiają za sobą jakieś swoje wszystko,
obsiane pola, jakieś kury, psy,
lusterka, w których właśnie przegląda się ogień.

Mają na plecach dzbanki i tobołki,
im bardziej puste, tym z dnia na dzień cięższe.

Odbywa się po cichu czyjeś ustawanie,
a w zgiełku czyjeś komuś chleba wydzieranie
i czyjeś martwym dzieckiem potrząsanie.

Przed nimi jakaś wciąż nie tędy droga,
nie ten, co trzeba most
nad rzeką dziwnie różową.
Dokoła jakieś strzały, raz bliżej, raz dalej,
w górze samolot trochę kołujący.

SOME PEOPLE

Some people flee some other people.
In some country under a sun
and some clouds.

They abandon something close to all they've got,
sown fields, some chickens, dogs,
mirrors in which fire now preens.

Their shoulders bear pitchers and bundles.
The emptier they get, the heavier they grow.

What happens quietly: someone's dropping from exhaustion.
What happens loudly: someone's bread is ripped away,
someone tries to shake a limp child back to life.

Always another wrong road ahead of them,
always another wrong bridge
across an oddly reddish river.
Around them, some gunshots, now nearer, now farther away,
above them a plane seems to circle.

Przydałaby się jakaś niewidzialność,
jakaś bura kamienność,
a jeszcze lepiej niebyłość
na pewien krótki czas albo i długi.

Coś jeszcze się wydarzy, tylko gdzie i co.
Ktoś wyjdzie im naprzeciw, tylko kiedy, kto,
w ilu postaciach i w jakich zamiarach.
Jeśli będzie miał wybór,
może nie zechce być wrogiem
i pozostawi ich przy jakimś życiu.

Some invisibility would come in handy,
some grayish stoniness,
or, better yet, some nonexistence
for a shorter or a longer while.

Something else will happen, only where and what.
Someone will come at them, only when and who,
in how many shapes, with what intentions.
If he has a choice,
maybe he won't be the enemy
and will let them live some sort of life.

FOTOGRAFIA Z 11 WRZEŚNIA

Skoczyli z płonących pięter w dół –
jeden, dwóch, jeszcze kilku
wyżej, niżej.

Fotografia powstrzymała ich przy życiu,
a teraz przechowuje
nad ziemią ku ziemi.

Każdy to jeszcze całość
z osobistą twarzą
i krwią dobrze ukrytą.

Jest dosyć czasu,
żeby rozwiały się włosy,
a z kieszeni wypadły
klucze, drobne pieniądze.

Są ciągle jeszcze w zasięgu powietrza,
w obrębie miejsc,
które się właśnie otwarły.

Tylko dwie rzeczy mogę dla nich zrobić –
opisać ten lot
i nie dodawać ostatniego zdania.

PHOTOGRAPH FROM SEPTEMBER 11

They jumped from the burning floors –
one, two, a few more,
higher, lower.

The photograph halted them in life,
and now keeps them
above the earth toward the earth.

Each is still complete,
with a particular face
and blood well-hidden.

There's enough time
for hair to come loose,
for keys and coins
to fall from pockets.

They're still within the air's reach,
within the compass of places
that have just now opened.

I can do only two things for them –
describe this flight
and not add a last line.

BAGAŻ POWROTNY

Kwatera małych grobów na cmentarzu.
My, długo żyjący, mijamy ją chyłkiem,
jak mijają bogacze dzielnicę nędzarzy.

Tu leżą Zosia, Jacek i Dominik,
przedwcześnie odebrani słońcu, księżycowi,
obrotom roku, chmurom.

Niewiele uciułali w bagażu powrotnym.
Strzępki widoków
w liczbie nie za bardzo mnogiej.
Garstkę powietrza z przelatującym motylem.
Łyżeczkę gorzkiej wiedzy o smaku lekarstwa.

Drobne nieposłuszeństwa,
w tym któreś śmiertelne.
Wesołą pogoń za piłką po szosie.
Szczęście ślizgania się po kruchym lodzie.

Ten tam i tamta obok, i ci z brzegu:
zanim zdążyli dorosnąć do klamki,
zepsuć zegarek,
rozbić pierwszą szybę.

RETURN BAGGAGE

The cemetery plot for tiny graves.
We, the long-lived, pass by furtively,
like wealthy people passing slums.

Here lie little Zosia, Jacek, Dominik,
prematurely stripped of the sun, the moon,
the clouds, the turning seasons.

They didn't stash much in their return bags.
Some scraps of sights
that scarcely count as plural.
A fistful of air with a butterfly flitting.
A spoonful of bitter knowledge – the taste of medicine.

Small-scale naughtiness,
granted, some of it fatal.
Gaily chasing the ball across the road.
The happiness of skating on thin ice.

This one here, that one down there, those on the end:
before they grew to reach a doorknob,
break a watch,
smash their first windowpane.

Małgorzatka, lat cztery,
z czego dwa na leżąco i patrząco w sufit.

Rafałek: do lat pięciu brakło mu miesiąca,
a Zuzi świąt zimowych
z mgiełką oddechu na mrozie.

Co dopiero powiedzieć o jednym dniu życia,
o minucie, sekundzie:
ciemność i błysk żarówki i znów ciemność?

KÓSMOS MAKRÓS
CHRÓNOS PARÁDOKSOS
Tylko kamienna greka ma na to wyrazy.

Malgorzata, four years old,
two of them spent staring at the ceiling.

Rafalek: missed his fifth birthday by a month,
and Zuzia missed Christmas,
when misty breath turns to frost.

And what can you say about one day of life,
a minute, a second:
darkness, a lightbulb's flash, then dark again?

KOSMOS MAKROS
CHRONOS PARADOKSOS
Only stony Greek has words for that.

BAL

Dopóki nie wiadomo jeszcze nic pewnego,
bo brak sygnałów, które by dobiegły,

dopóki Ziemia wciąż jeszcze nie taka
jak do tej pory bliższe i dalsze planety,

dopóki ani widu ani słychu
o innych trawach zaszczycanych wiatrem,
o innych drzewach ukoronowanych,
innych zwierzętach udowodnionych jak nasze,

dopóki nie ma echa, oprócz tubylczego,
które by potrafiło mówić sylabami,

dopóki żadnych nowin
o lepszych albo gorszych gdzieś mozartach,
platonach czy edisonach,

dopóki nasze zbrodnie
rywalizować mogą tylko między sobą,

dopóki nasza dobroć
na razie do niczyjej jeszcze nie podobna
i wyjątkowa nawet w niedoskonałości,

THE BALL

As long as nothing can be known for sure,
(no signals have been picked up yet),

as long as Earth is still unlike
the nearer and more distant planets,

as long as there's neither hide nor hair
of other grasses graced by other winds,
of other treetops bearing other crowns,
other animals as well-grounded as our own,

as long as only the local echo
has been known to speak in syllables,

as long as we still haven't gotten word
of better or worse mozarts,
platos, edisons somewhere,

as long as our inhuman crimes
are still committed only among humans,

as long as our kindness
is still incomparable,
peerless even in its imperfection,

dopóki nasze głowy pełne złudzeń
uchodzą za jedyne głowy pełne złudzeń,

dopóki tylko z naszych jak dotąd podniebień
wzbijają się wniebogłosy –

czujmy się gośćmi w tutejszej remizie
osobliwymi i wyróżnionymi,
tańczmy do taktu miejscowej kapeli
i niech się nam wydaje,
że to bal nad bale.

Nie wiem jak komu –
mnie to zupełnie wystarcza
do szczęścia i do nieszczęścia:

niepozorny zaścianek,
gdzie gwiazdy mówią dobranoc
i mrugają w jego stronę
nieznacząco.

as long as our heads packed with illusions
still pass for the only heads so packed,

as long as the roofs of our mouths alone
still raise voices to high heavens –

let's act like very special guests of honor
at the district fireman's ball,
dance to the beat of the local oompah band,
and pretend that it's the ball
to end all balls.

I can't speak for others –
for me this is
misery and happiness enough:

just this sleepy backwater
where even the stars have time to burn
while winking at us
unintentionally.

NOTATKA

Życie – jedyny sposób,
żeby obrastać liśćmi,
łapać oddech na piasku,
wzlatywać na skrzydłach;

być psem,
albo głaskać go po ciepłej sierści;

odróżniać ból
od wszystkiego, co nim nie jest;

mieścić się w wydarzeniach,
podziewać w widokach,
poszukiwać najmniejszej między omyłkami.

Wyjątkowa okazja,
żeby przez chwilę pamiętać,
o czym się rozmawiało
przy zgaszonej lampie;

i żeby raz przynajmniej
potknąć się o kamień,
zmoknąć na którymś deszczu,

A NOTE

Life is the only way
to get covered in leaves,
catch your breath on the sand,
rise on wings;

to be a dog,
or stroke its warm fur;

to tell pain
from everything it's not;

to squeeze inside events,
dawdle in views,
to seek the least of all possible mistakes.

An extraordinary chance
to remember for a moment
a conversation held
with the lamp switched off;

and if only once
to stumble on a stone,
end up soaked in one downpour or another,

zgubić klucze w trawie;
i wodzić wzrokiem za iskrą na wietrze;

i bez ustanku czegoś ważnego
nie wiedzieć.

mislay your keys in the grass;
and to follow a spark on the wind with your eyes;

and to keep on not knowing
something important.

SPIS

Sporządziłam spis pytań,
na które nie doczekam się już odpowiedzi,
bo albo za wcześnie na nie,
albo nie zdołam ich pojąć.

Spis pytań jest długi,
porusza sprawy ważne i mniej ważne,
a że nie chcę was nudzić,
wyjawię tylko niektóre:

Co było rzeczywiste,
a co się ledwie zdawało
na tej widowni
gwiezdnej i podgwiezdnej,
gdzie prócz wejściówki
obowiązuje wyjściówka;

Co z całym światem żywym,
którego nie zdążę
z innym żywym porównać;

O czym będą pisały
nazajutrz gazety;

LIST

I've made a list of questions
to which I no longer expect answers,
since it's either too early for them,
or I won't have time to understand.

The list of questions is long,
and takes up matters great and small,
but I don't want to bore you,
and will just divulge a few:

What was real
and what scarcely seemed to be
in this auditorium,
stellar and substellar,
requiring tickets both to get in
and get out;

What about the whole living world,
which I won't succeed
in comparing with a different living world;

What will the papers
write about tomorrow;

Kiedy ustaną wojny
i co je zastąpi;

Na czyim teraz palcu
serdeczny pierścionek
skradziony mi – zgubiony;

Gdzie miejsce wolnej woli,
która potrafi być i nie być
równocześnie;

Co z dziesiątkami ludzi –
czy myśmy naprawdę się znali;

Co próbowała mi powiedzieć M.,
kiedy już mówić nie mogła;

Dlaczego rzeczy złe
brałam za dobre
i czego mi potrzeba,
żeby się więcej nie mylić?

Pewne pytania
notowałam chwilę przed zaśnięciem.
Po przebudzeniu
już ich nie mogłam odczytać.

When will wars cease,
and what will take their place;

Whose third finger now wears
the ring
stolen from me – lost;

Where's the place of free will,
which manages to be and not to be
simultaneously;

What about those dozens of people –
did we really know each other;

What was M. trying to tell me
when she could no longer speak;

Why did I take bad things
for good ones
and what would it take
to keep from doing it again?

There are certain questions
I jotted down just before sleep.
On waking
I couldn't make them out.

Czasami podejrzewam,
że to szyfr właściwy.
Ale to też pytanie,
które mnie kiedyś opuści.

Sometimes I suspect
that this is a genuine code,
but that question, too,
will abandon me one day.

WSZYSTKO

Wszystko –
słowo bezczelne i nadęte pychą.
Powinno być pisane w cudzysłowie.
Udaje, że niczego nie pomija,
że skupia, obejmuje, zawiera i ma.
A tymczasem jest tylko
strzępkiem zawieruchy.

EVERYTHING

Everything –
a bumptious, stuck-up word.
It should be written in quotes.
It pretends to miss nothing,
to gather, hold, contain, and have.
While all the while it's just
a shred of gale.

SPIS TREŚCI

Społeczny Instytut Wydawniczy Znak, Kraków 2003. Wydanie I
Druk: Drukarnia Colonel, ul. Dąbrowskiego 16, Kraków